Naiem Ahmadinejadfarsangi

Pourquoi n'ai-je pas pleuré ce jour-là

Naiem Ahmadinejadfarsangi

Pourquoi n'ai-je pas pleuré ce jour-là

(چرا آنروز سکوت کردم (کتاب برگزیده تماشاگران

Éditions Muse

Imprint

Cover image: www.ingimage.com

Publisher:
Éditions Muse
is a trademark of
Dodo Books Indian Ocean Ltd., member of the OmniScriptum S.R.L Publishing group
str. A.Russo 15, of. 61, Chisinau-2068, Republic of Moldova Europe
Printed at: see last page
ISBN: 978-620-3-86494-6

Pourquoi n'ai-je pas pleuré ce jour-là

Naiem ahmadinejadfarsangi

je suis dans le train magique ça s'appelle "l'amour", Des paysages lumineux scintillent Les yeux brûlent, le sang afflue. Sur les routes de la passion folle Je conduis avec la brise, avec la brise, je ne connais pas l'itinéraire exact, Je suis dans une autre dimension. Je veux toujours rouler comme ça Dans les stations des sens fous Profitez de votre douce balade Dans une chambre de folie débridée.

La nuit est crucifiée sur la croix du dormant, Le vent hurle le chagrin de la solitude La pluie renverse obstinément ses écailles Repartez avec des souvenirs au loin. Les jours passent dans une séquence uniforme Les pétales des espoirs vides tombent Je vis pour rêver de te rencontrer Croyez-moi, tout ce monde est pour nous deux. L'amertume du café détruira les rêves de plomb, J'éteindrai la flamme de la douleur avec des larmes Et dans une prière silencieuse, je rassemble ma paume : Je demande à être à nouveau ensemble.

« Et je t'aimais. Il n'arrêtait pas de lui dire Alors qu'il passait ses mains sur sa douce fourrure. "Et je t'aimais" Tu t'es roulé la langue, Les mots semblaient maintenant si doux qu'ils étaient presque chantés. « Et je voulais t'aimer. Avec des larmes dans les yeux Il a dit les derniers mots avec un soupir triste "Et je t'aimais, Si seulement je pouvais. "

Les mots doux qui sont sortis de ta langue cette nuit-là les souvenirs Ces regards inspirants qui ont nourri mon âme les souvenirs Ces lettres d'amour qui sont nées de ce cœur les souvenirs Des repas partagés qui nourrissent nos émotions les souvenirs Nerfs, innocence, bonheur simple les souvenirs Tout ce qui a secoué nos cœurs et nos âmes n'est plus qu'un souvenir aujourd'hui.

Vous marchez dans ces mondes comme moi. ne me dites pas Que tu n'existes pas, tu existes, nous devons nous rencontrer On ne se croise pas, on est déguisé et maladroit Nous allons commencer à marcher le long des routes. Nous ne nous connaîtrons pas loin l'un de l'autre Vous sentirez mes soupirs et j'entendrai vos soupirs. Où est la bouche, la bouche qui soupire ? On va dire, la route revient. Peut-être qu'un jour nous nous rencontrerons face à face Peut-être que nous pouvons couvrir nos déguisements. Et maintenant je me demande... quand ça arrive, si ça arrive, Est-ce que je sais soupirer, tu sais ?

tu m'as manqué aujourd'hui Je n'avais pas travaillé depuis si longtemps... Je me sentais triste pendant la journée... Les retraites, les problèmes et les difficultés qui ont créé des voiles mélancoliques dans ma marche dans ces rues semi-recluses. Parfois, vous ne pouvez pas voir le tunnel sombre devant vos yeux Et le découragement indésirable attaque les dépressions du cœur. Et dans cette triste marche, je l'ai rappelé à ton père. Papa, combien de fois as-tu ressenti ce poids sur tes épaules ? Le poids des jours tristes, des rêves qui ne se réalisent pas... que presque rien ne correspond aux désirs et aux illusions. Combien de fois avez-vous été incapable de vous endormir à cause de pensées agitées ? Combien de fois la peur de l'avenir a-t-elle pesé sur votre cœur ? Aujourd'hui je sens ce poids sur mes épaules, comme tu l'as sans doute ressenti dans ta marche, et aujourd'hui, cher père ! Souviens-toi! Demain sera un autre jour, peut-être un autre jour j'oublierai le poids qui nous pèse dans la vie et le sourire et les soucis survoleront d'autres cieux, mais à ce stade de la vie je ne peux pas vous et ça Oubliez ça... nous partageons le le même poids sur tes épaules que tu as ressenti hier et que je ressens aujourd'hui. Et je te comprends aujourd'hui, Père, quelque chose que je ne pouvais pas te comprendre dans les jours passés, parce que je marche dans le même chemin que tu as parcouru auparavant, et aujourd'hui c'est à mon tour de le traverser.

Il est à côté de moi, sa main serrant ma main, Sa bouche est ornée du plus charmant sourire, Son visage s'anime, je soupire, Sa tête tombe doucement sur mon sein. je respire son souffle, Son souffle est plus doux que des fleurs. De l'étreinte des chaînes romantiques Rapprochez mon cœur de son cœur. Bientôt nos baisers fusionneront, Ils sont aussi purs que nos amours : Nous restons sans voix ; Seuls nos yeux se répondent ; Ils se disent : Toujours, toujours, toujours !

Ma passion est incontrôlable. Je veux me réfugier sous tes baisers Sous le parfum, sous les ailes, sous l'instinct. Mais quand un peu de lumière passe par ma fenêtre Et ça force mes yeux à se réveiller Il a coulé entre mes doigts Un rêve qui ne peut pas faire la différence entre le fantasme et la réalité.

Par une belle nuit d'été Mon cœur a pensé à ce sentiment... Que je suis tombé amoureux de toi Les étoiles me souriaient juste Parce qu'ils savaient que j'étais heureux Parce que je t'avais à mes côtés Un beau rêve d'été cette nuit-là Né entre les deux, ou du moins moi L'âme croyait, mais malheureusement... mon âme naïve avait tort. Parce que l'amour que j'ai ressenti Ce n'était pas partagé, je l'ai su quand j'ai vu comment tu as ri... et mon cœur s'est brisé en larmes.

Déception encore, tristesse encore Tristes souvenirs d'un espoir à nouveau, D'un amour, d'un beau rêve d'été Ce qui a malheureusement disparu... a été cruellement perdu. Par une belle nuit d'été... L'illusion que mon âme ressentait Et cette nuit-là... ma joie est avec les étoiles.

solitude Toi et l'amour êtes de grands ennemis Mais ... tu es un peu fidèle Pas comme l'amour trompeur et triste à la fois Tu étais seul dans mes pires jours Tu m'entends pleurer comme si c'était une mélodie Tu es au-delà d'une simple ombre O reine solitaire du silence La reine est toujours triste La reine de tous ceux qui ont peur Mourir dans le chagrin, la souffrance Oh désolé triste solitude Je veux juste être avec lui et personne d'autre Ce que je peux penser de toi est relaxant Invisible comme le vent Mais il est présent à chaque instant Imaginaire comme une histoire Mais réel pour provoquer ta souffrance Je ne sais pas vivre seul sans toi Parce que toute ma vie je n'ai pensé qu'à souffrir Mais je n'ai jamais été seul... Je vois tout dans le noir Et dans ce silence seuls tes murmures me calment

Je te dis au revoir et peut-être que je t'aime encore. Je ne t'oublie peut-être pas, mais je te dis au revoir. Je ne sais pas que tu m'aimais... Je ne sais pas je t'aimais... Ou peut-être que nous nous aimons trop. Cette chérie triste, passionnée et folle Je l'ai planté dans mon âme pour t'aimer. je ne sais pas je t'aimais beaucoup... je ne sais pas je t'aimais peu ; Mais je sais que je ne t'aimerai plus jamais comme ça Ton sourire est dans ma mémoire, Et mon cœur me dit que je ne t'oublierai pas. Mais, quand je suis seul, je sais que tu me manques, Peut-être que je t'aime comme jamais auparavant Je te dis au revoir, et peut-être avec cet au revoir, Mon plus beau souhait meurt en moi... Mais je dis au revoir pour la vie, Même si je pense à toi toute ma vie.

Je pose ma tête sur ta poitrine Tes bras m'entourent, J'ai fermé les yeux et j'ai entendu ton coeur Ton doux sourire dans mes cheveux, Je ne me suis jamais senti aussi heureux Nos coeurs battent par paires Tu as trouvé mes yeux et tu m'as dit Amour pour nous J'ai embrassé ton visage et j'ai su tout de suite C'est au paradis que nous avons menti.

Les bougies pleurent à nouveau pour toi Tout espoir s'enflamme à nouveau Que la pluie joue le chant du chagrin L'argent frappe les fenêtres de nos rêves Les oiseaux du bonheur sont perdus Les aiguilles salées font mal de l'intérieur Aujourd'hui tu ne viendras pas aujourd'hui comme hier j'attendrai toi dans la fenêtre et l'âme redeviendra cendre jusqu'à ce que le matin pleure à nouveau parce que je t'aime je veux me donner à toi demain sera encore un nouveau jour Il pleuvra, ce sera plus amusant pour moi avec amour je me souviens vous malheureusement, à propos d'une âme blessée

Quand le soleil se couche et que la lune revient, j'écris de la poésie la nuit, assis près de la fenêtre et les étoiles brillent de mille feux et des larmes coulent de mes yeux. J'écris de la poésie pour toi, confession, et je dis "Je t'aime" une centaine mille fois. . J'ai écrit un poème pour toi et je t'ai donné mon amour en cadeau. Tu es allé, j'ouvrirai les ponts, tu n'y croyais pas, mais j'ai tout aimé. Le cœur souffre mais l'âme est vide. Pourquoi les gens sont-ils si cruels ? La dernière étoile brûle, tout passe, mais quelque chose tourmente l'âme. Douleur de séparation, solitude, regret. Tout se confond en une seule grande blessure. Aujourd'hui, je suis seul à boire du poison dans un verre.

Sur un vieux mur de briques Entre les branches de Linder et Lilas Fou et indécent Nos ombres s'embrassent. Entre nous - mers, espaces, Limites et kilomètres Tornade de danse quotidienne Des vents différents nous portent. Et seulement dans le monde des rêves, Dans les rares appels téléphoniques Nos ombres s'embrassent Et les branches de tilleul se balancent.

Trop peu pour dire que je suis désolé Trop - au revoir Il est insensé de demander "ne vous fâchez pas". Et ce n'est pas juste du tout - "Je promets" "Je dois avoir..." semble désespéré. Et trompeur - "Vous savez, je le fais ...", Pas clair - "Je pensais que nous pourrions ...", D'une certaine manière assez lâche - "Peut-être ...", Cordialement - "Je veux dire ...", Et avec un peu de chance - "Ça n'en vaut pas la peine, peut-être...", Et soudain - "Je vous aime tous...", Et malheureusement - "Et je suis toi...", Triste - "Je me souviens souvent de toi ...", Et avec de la tristesse dans mes yeux - "Je sais" Et soupir - "J'ai des rêves ...", Et en réponse - "Je t'embrasse en eux ...", Fort - "Je suis à blâmer pour tout ...", Avec des larmes - "Ça n'en vaut pas la peine, tous les deux...", Amer - "Comment pouvons-nous tout récupérer?" Pleurer - "Si je savais que c'était il y a longtemps...", Serrez doucement la main - "Je suis désolé ...", Lèvres légèrement touchées - "Je pardonne..." Serrez-vous bien - "Ne vous fâchez pas", Et se rendre - "Je promets ...", C'est très effrayant d'entendre "le moment est venu..." Il est très difficile de répondre "moi aussi..." Et naïvement - "On se reverra ?...", Et la réponse brutale "Peut-être..." Trop peu pour dire que je suis désolé Trop - au revoir Dire "lâchez prise..." est très effrayant Il est impossible de dire "abandonner..."...

Je me sens heureux aujourd'hui... Je meurs aujourd'hui... Mon âme fragile s'incline fatiguée, s'agenouille pleine de joie face à la mort froide, pâle, belle, me serre dans ses bras, je le regarde dans les yeux, il Il me comprend. Mes larmes sont maintenant un lac nuageux qui inonde mon temps... quand il est court... mes heures passent lentement, comme si le dieu du monde têtu voulait me faire du mal. Et avec un sourire sur mon visage ... et les yeux fermés, je transforme mon doux départ en chaleur ... accueille la mort de mon bien-aimé ... tu es maintenant mon ange.

Avec une main gelée dans la neige J'ai écrit des lettres à la branche de peuplier, Des mots du cœur : "Je t'aime !" Et le nom que je porte toujours dans mon âme. Laisse les étoiles voir le ciel et la lune Vous les avez défiés aujourd'hui. « Ramenez-le ! Je vous en supplie, atterrissez ! » Vous criez, puis demandez à nouveau : "Rendez-le ! Demandez ! Je ne peux pas vivre sans lui, - Un son tremblant s'échappe de tes lèvres, - Rends le! Je ne peux pas l'oublier... Après tout, voyez-vous : le cœur meurt "... Puis essuie tes joues avec tes mains Et quelque chose de pointu scintille dans la paume de votre main. "Si vous ne pouvez pas le retourner, regardez, Voyez à quelle vitesse le corps se refroidit ! " Une coupure et la neige sera rouge Et bientôt les deux cœurs se retrouvent. Vois, terre, de quoi un être humain est capable, Quand tu oses lui prendre son amour...

Aujourd'hui je laisse le vent porter mes larmes Les larmes qui sortent de l'âme aujourd'hui comme des perles blanches, Une âme qui pleure tristement ton absence, Mais il espère qu'un jour cela se réalisera et que vous me reverrez. Aujourd'hui, je fais ressortir le chagrin d'aller avec la brise de l'après-midi, Qui se perd dans la poussière de la nuit, Pour que ça me fasse mal au cœur qui ressent de la douleur, Cela ressemble à un vide énorme parce que vous n'êtes pas ici aujourd'hui. Aujourd'hui je laisserai la mer se baigner seule avec ses vagues, Cette solitude massive est douloureuse, Aujourd'hui je laisse couler mes larmes Les larmes qui coulent de mon âme et pleurent, Parce qu'il ne veut pas être sans toi pour un autre jour.

Comme c'est beau de t'avoir à mes côtés Quand je sens que mon âme se confond avec ton âme Quand on est ensemble, quand on est entre nos mains Ils se sont réunis, mais c'était plus que nous Ils étaient nos âmes Je me souviens encore de tes beaux yeux qui ont touché mon âme Pourtant, de ton sourire qui m'a hypnotisé Quand tu m'as approché Tu m'as regardé dans les yeux et tu me l'as donné Tu m'as donné tes lèvres douces Je me souviens quand j'ai senti que tu m'embrassais Tu as étreint mon âme Mais maintenant il me serre dans ses bras par un après-midi froid Solitaire la nuit Gham Sobh Et les larmes de l'aube

Je m'attendais à ce que tu viennes avec les fleurs, Avec beaucoup de roses pour moi, Tu sais que je les aime rouges, fraîchement coupées Saupoudré de rosée du matin. Mais peu importe que j'attende un autre jour En supposant que vous traversiez à nouveau ici, Où l'après-midi, comme toujours, dit : Viendra aujourd'hui! Et apportera Mille roses pour toi.

Je ne veux pas que le soleil entre par ma fenêtre. Eh bien, l'ombre m'oblige à m'accompagner Et je veux être seul en ce moment Juste pleurer et regretter. Donne moi le soleil si je te dérange Un autre jour, je pourrais vouloir te voir Tu m'as illuminé avec tes yeux hier Aujourd'hui seule ta lumière me donne la mort

Je veux sentir ta main caresser mon corps. Sentir ton souffle étreindre ma peau. Fondre dans le fantôme de ton désir Et étanche ma soif avec l'eau de ta fontaine. De t'aimer inconditionnellement Et remplis ton puits de plaisir, Il libère nos émotions Libérez leur rébellion au matin. Entre les draps blancs de ta conscience... Voler progressivement votre passion Et change ton innocence... Avec un baiser sublime de mon coeur.

Ma nuit est comme une savane baignée dans le reflet de la lune De faible luminosité, qui ressemble à un coyote qui s'enflamme à distance. Allongé sur le lit, je regarde le plafond, imaginant le ciel Et je compare sa toile d'araignée à des constellations lointaines. J'ai peur, mon cœur sait qu'il s'enfuit comme une proie De la persécution d'un chasseur têtu. Mon âme est froide de peur. Je me mords les lèvres, ma gorge s'assèche, ça cause des ennuis. Le bourdonnement des moustiques me ramène à la réalité, Coincé entre des draps mouillés, je transpire et sens mon corps. Peut-être qu'un jour je me réveillerai et sentirai sa présence éthérée

Que puis-je souhaiter Quel souhait Un souhait est un souhait que vous pouvez souhaiter À Un vœu est un endroit où tout peut devenir réalité Un souhait est un endroit où tout peut arriver Tu souhaites Si tu voulais Voulez-vous gagner de l'argent Ou pour la paix mondiale Souhaitez-vous réaliser tous vos rêves Ou pour une belle vie Veux-tu mourir de vieillesse ? Ou avoir une belle vie moi, je ne souhaite rien "Pour moi, un souhait est un souhait Ma vie est belle Bien sûr, il y aura des choses que j'aimerais changer Mais pour changer quelque chose de très petit Que tu ne peux même pas voir Un moment exact qui vous manquera Ce n'est qu'avec ce souhait que vous pouvez perdre quelque chose de grand Même si c'était bon ou mauvais Seulement vous, comme le parent peut le savoir à coup sûr Si vous manquez quelque chose de spécial, ce moment peut changer toute votre vie Pour moi, souhaiter est une mauvaise chose à souhaiter Souhaiter est quelque chose qui peut ruiner tout votre être Vie!

Au printemps, l'oiseau naît et chante : Vous n'avez pas entendu sa voix ? ... Pur, simple et touchant, Son d'oiseau - Dans la jungle ! En été, l'oiseau suit l'oiseau. Il aime - et n'aime qu'une seule fois ! Comme c'est doux, paisible et fidèle, Nid d'oiseau - Dans la jungle ! Puis quand l'automne brumeux arrive, Il se tait... avant le froid. Hélas, il doit être heureux Mort d'oiseau - Dans la jungle !

Il est à côté de moi, sa main serrant ma main, Sa bouche est ornée du plus charmant sourire, Son visage s'anime, je soupire, Sa tête tombe doucement sur mon sein. je respire son souffle, Son souffle est plus doux que des fleurs. De l'étreinte des chaînes romantiques Rapprochez mon cœur de son cœur. Bientôt nos baisers fusionneront, Ils sont aussi purs que nos amours : Nous restons sans voix ; Seuls nos yeux se répondent ; Ils se disent : Toujours, toujours, toujours !

" Pleure, ciel aquatique, pleure mon ciel, toutes tes larmes "L'un après l'autre, marchant vers la mer" J'ai ramassé mon parapluie bleu Parce qu'il pleut Il a fait un long chemin jusqu'à chez lui Parce que je t'aimais Il devrait être près de notre lieu de rendez-vous Parce que j'avais de l'espoir Et j'ai regardé le ciel Le ciel était très gris et couvert de gros nuages et il pleuvait C'était toujours, toujours, sous un parapluie bleu Un endroit pour deux Tu es venu Parce que tu m'aimais "Notre bonheur ensemble À la fin, à travers la mer Nous sommes partis, qui pleurera devant la porte? "

J'ai attendu dans mes rêves Quand tu es revenu, les années ont passé Je ne vous ai vu Mais ce matin tu es venu Tout à coup, tout à coup, Et mon espoir renaît. Se réveiller C'était toi, comme je m'attendais à te voir Mais l'illusion était morte. je ne voulais pas être là Je voulais juste que tu sois loin Habitant de mes rêves.

Tu as la clé de mon coeur sur tes lèvres, Votre regard contient un trésor interdit. Le simple fait que tu me regardes rougit, Ce regard soulage ma souffrance. Il n'y a rien de mieux que tes bras, Ils veulent toujours continuer à me déplacer. Je sens ta peau comme un refuge contre ma solitude, Je sens ta chaleur comme mon refuge contre le froid. Vos mains sont conçues par le meilleur architecte Ils me caressent et me satisfont. Ton rire est comme le rire des anges Je tombe amoureux de plus en plus chaque jour. Ni l'orgueil ni l'arrogance n'ont éteint cet amour, Devant la distance qui me sépare de toi Même mon cœur bat constamment, Et avant le combat, je sais que tu m'aimes toujours. Adam et Eve ont été condamnés à la tentation. Roméo et Juliette rappellent pour leurs aventures, Mais toi et moi verrons le monde en secret. Et les étoiles éclairent notre chemin. On brûle mais on ne meurt pas La cicatrice reste Nous avons saigné mais ne sommes pas morts Nous avons rompu mais nous ne l'avons pas lâché Nous nous sommes propagés mais n'avons pas résolu Nous avons découvert la vérité, mais savoir que cela ne nous a pas tués La vérité est douloureuse Il vaut mieux attendre et ne pas demander la raison et se taire Essayez et n'arrêtez pas d'essayer Essayez et brûlez Bien que la flamme soit cachée, elle est toujours à l'intérieur Bien qu'il ne s'allume pas, il brûle toujours Continuer à graver Continuer à graver j'ai pleuré aujourd'hui je pleure tous les jours Comment la pluie pleure un jour de tempête Mes larmes remplissent ma rivière tu me manques mon amour La tristesse est ma nourriture Quand je ne te vois pas Je respire ton amour de loin tu me manques toujours Tes baisers, ton regard Mon amour est dur Allez, ma vie est dans mon âme Ton âme dort dans mon coeur Et mon âme en toi Je pleurerai pour toujours sans toi Viens me remplir de ton amour Viens ma vie, mon amour

Aujourd'hui je laisse le vent porter mes larmes Les larmes qui sortent de l'âme aujourd'hui comme des perles blanches, Une âme qui pleure tristement ton absence, Mais il espère qu'un jour cela se réalisera et que vous me reverrez. Aujourd'hui, je fais ressortir le chagrin d'aller avec la brise de l'après-midi, Qui se perd dans la poussière de la nuit, Pour que ça me fasse mal au cœur qui ressent de la douleur, Cela ressemble à un vide énorme parce que vous n'êtes pas ici aujourd'hui. Aujourd'hui je laisserai la mer se baigner seule avec ses vagues, Cette solitude massive est douloureuse, Aujourd'hui je laisse couler mes larmes Les larmes qui coulent de mon âme et pleurent, Parce qu'il ne veut pas être sans toi pour un autre jour.

C'était une journée nuageuse et froide Tu mets ta main sur mon coeur Et c'est le grondement de tes lèvres J'ai regardé dans tes yeux et j'ai compris C'est fini J'ai eu l'impression de tomber dans l'abîme le plus sombre pendant un instant Tu étais parti quand j'ai ouvert les yeux Avec mes joies et mes peines Avec mes secrets et mes souvenirs Avec ma vie ... est arrivé ... Je savais que ça allait arriver, mais ça fait plus mal que je ne le pensais Les larmes ont coulé comme une tempête et ont rapidement brisé mes espoirs de vie J'ai erré sans but dans d'innombrables rues, espérant voir tes yeux Mais je ne t'ai pas trouvé... Un certain temps a passé et j'attendais toujours que vous veniez. est arrivé ... Un jour tu es revenu et j'ai pensé à t'aimer, mais ce n'est pas arrivé... A l'aube tu étais encore parti, J'ai essayé de te détester et de t'aimer, mais je ne l'ai pas ressenti Ce soir j'ai enfin compris... J'ai réalisé que j'avais vécu sans cœur depuis ce jour.

Un homme en colère marche dans une ruelle abandonnée. Déprimé par la mélancolie, dans le champ de mines du peuple - sans armes, Collez une photo dans vos mains comme une amulette sacrée Il se rend compte qu'il est laissé seul et qu'il n'est plus nécessaire. Et le sang veineux ne se précipite plus dans les artères, Au contraire, las des chocs passés, il coule. L'homme est brûlé, il ne croit plus à l'amour Et les yeux ne brillent pas en prévision de grandes aventures. En fait, une personne triste n'était pas toujours triste : Il souriait aux passants, à sa femme et à ses collègues, Il a aidé les vieillards et l'a compensé par la loyauté - les méchants, Il n'a trahi personne en difficulté ou dans l'amitié promise. Il est revenu du travail, fatigué comme un loup, Personne ne se réunit... Une note attend sur la table : « Excusez-moi, je m'en vais... Nous avons vécu, mais à quoi bon ? "Toi et moi sommes loin, même si cela semble proche..." Il a laissé tomber la feuille, n'a pas pu lire jusqu'à la fin, Ne remontez pas le temps et il est peu probable que tout change. Mon cœur se brise quand je regarde le combattant Qui s'assied contre le mur et hurle de douleur, puis pleure... Depuis, il a complètement perdu confiance dans le peuple, Il a tout refusé, disparu face à l'opinion publique, N'a pas appelé, n'a pas écrit, envoyé trois lettres d'invités, Il vient de presser une photo de son ancien amant dans le creux de sa main. Un homme en colère marche dans une ruelle abandonnée. Seulement, il n'est pas comme les autres - un passant insolite. Il tient toujours son amulette sacrée à la main, Une photo de quelqu'un vivant sous sa peau rugueuse.

Tiens ma main, écoute Comment le cœur se brise de la poitrine. Les anges me chantent - "Restez!" Et les démons crient - "Sortez !" Tous ces mensonges, toute cette douleur... Qui est le prochain cette fois ? la porte est fermée. La volonté impuissante Cris transparents, fragments de phrases. je suis perdu dans le labyrinthe Aide-moi à trouver la lumière. C'est probablement la blague cruelle de quelqu'un Un mur blanc est la réponse. Et je ne crois plus aux étoiles Ils voient tout, mais ils se taisent. Et encore une fois toutes les portes sont verrouillées... Mais je n'ai plus le pouvoir de frapper. C'était peu et ce n'était pas, Comme la fumée de cigarette bon marché... Enterre tes sentiments Partir, interdit Les portes sont fermées entre nous Et encore les clés manquent Il n'est plus possible de les rechercher Même si le cœur dit - regarde... Ça sonnera, ça brûlera l'espace vide. Nous ne semblons plus nous connaître Nous semblons être fatigués du paradis. Lentement la musique prend du retard Je vis, je brise le silence, Et j'espère que quelqu'un reviendra Et j'espère que non. La neige fond - ouvre des blessures Au contraire, j'essaye de me cacher. Et je dessine les cartes du pays Et peindre sur des masques faciaux. Faire craquer le cœur se réveille au milieu de la nuit Je parcours des pages blanches - Pour te rappeler quelque chose, Faire de quelque chose une réalité. Je vais me taire, je vais embêter les étoiles, - Mon rire était douloureux pour eux, Et maintenant ça s'est transformé en larmes Et maintenant, il souffrait.

Le matin silencieux mange l'aube du matin. Les rêves disparaissent et m'enlèvent mon pouvoir. Tu ne viens plus, je sais Je ne savais pas que je t'aime Lentement, la neige fond sous les pieds. Je ne me souviens pas comment c'est arrivé. Tu ne viens plus, je sais Mon cœur s'est brisé par accident. Le vent humide mord la lune. Dispersé toute la nuit à part. Tu ne viens plus, je sais Tenez mon bonheur dans la paume de votre main. Et le printemps est différent. Il brûle l'âme à chaque instant. Tu ne viens plus, je sais Continuez à écouter la vacuité.

Cuisine, cigarettes, fumée bleue. Du thé dans une seule tasse. Personne n'est là pour être aimé Quelqu'un qui l'a appelé un homme. Les larmes couvrent mes yeux Tout autour, se balançant, a soudain nagé ... Votre motif est brodé sur la serviette Sur le mouchoir que vous lui avez donné. Bain, robinet, débit d'eau froide La conscience ne dure pas longtemps. Chambres, parents, les vôtres. J'aime hurler comme un loup dans le chagrin. Appui de fenêtre, parquet, fenêtre. Avancez, le doute était dissipé. Lève-toi, liberté, douleur, coup... il fait nuit. Crier et gémir... silence. Léger, yeux difficiles à ouvrir. Le silence et l'odeur de l'hôpital. Devant la fenêtre, éclairs d'automne. Faiblesse, gémissements, désir d'oubli.

Faites fondre les graines et une plante poussera. Nourrissez la plante et un arbre poussera. Donnez à la pièce un arbre et il fleurira. Des graines de plantes Une plante à un arbre, Un garçon à un homme, Un homme à son père. Occupez-vous du garçon et l'homme grandira. Enseignez à l'homme, et il deviendra grand-père. Je vois mes fils. Je vois ton bonheur. Prends soin de mes fils et moi, l'homme, je grandirai. Apprends-moi, tes fils et ton père. Vous ne pouvez pas avoir d'arbre sans plante. Vous ne pouvez pas avoir une plante sans graines. Je ne peux pas être père sans être un homme. Moi, l'homme, je ne peux pas être père sans mes fils. cycle de vie. Homme, fils, père. Graine, plante, arbre.

Je vais là où brille l'arc-en-ciel Et les nuages ne pleureront jamais. Le soleil va s'asseoir sur la terre Pour réchauffer le ciel de son éclat. Où le parfum le plus doux est la rose Sera expédié par brise A mélanger avec les fruits du jardin. Papillons et abeilles, Les oiseaux chantent ensemble, Et les nuits seront toute la journée. Les étoiles scintillent pour toujours Et les fleurs ne se fanent jamais. C'est donc ici que vous me trouverez Quand mon temps sur terre était terminé Je vais grandir dans ce paradis Avec tous les élus de Dieu.

Lily est rentrée tard de l'école le premier jour Maman pensait qu'il jouait à l'idiot Il lui a demandé avec colère ce qui s'était passé "Un monstre m'a arrêté," répondit Lily. "C'est tellement absurde," dit maman. Il n'y a pas de monstres dans ce monde Le deuxième jour de son travail scolaire était dans la tourmente Maman pensait qu'il était négligent « Que faisiez-vous ? » demanda-t-il. J'essayais de me cacher du monstre "C'est tellement absurde," dit maman. Il n'y a pas de monstres dans ce monde Le troisième jour, Lily a refusé de partir du tout Maman sentait que c'était juste une petite, petite chose Il a menacé de le battre "Le monstre attend peut-être," répondit Lily. "C'est tellement absurde," dit maman. Il n'y a pas de monstres dans ce monde Le quatrième jour, Lily s'est plainte de maux d'estomac Maman a dit s'il te plait ne fais pas semblant "Je suis fatigué de tes mensonges répétés", a-t-il dit "Le monstre pleure pour moi," répondit Lily. "C'est tellement absurde," dit maman. Il n'y a pas de monstres dans ce monde Le cinquième jour, Lily est tombée malade et s'est couchée Sa mère l'a forcé à aller à l'école à la place Il s'est précipité vers elle, lui a demandé pourquoi ? Le monstre me fera du mal, je mourrai sûrement "C'est tellement absurde," dit maman. Il n'y a pas de monstres dans ce monde Pour cette petite fille, il n'y a pas de sixième lever de soleil Pour son nouveau professeur, il était un monstre déguisé Il l'a attrapé seul et s'est suicidé Des heures après avoir été torturé avec un couteau Les monstres sont réels, la mère s'en est rendu compte trop tard Si seulement il pouvait sauver son enfant de ce destin Alors écoutez vraiment les histoires de votre enfant A la moindre angoisse qu'il puisse avoir Une histoire déchirante peut être cachée dans ses larmes, Emprunter l'oreille du patient pour sa peur innocente. Faites attention à ses paroles et comprenez Parce que sa sûreté et sa sécurité sont entre vos mains.

Printed by Books on Demand GmbH, Norderstedt / Germany